グルテンフリー・砂糖不使用

わたしに優しい米粉とみりんのお菓子と料理

#みりん女子会　主宰栄養士

設楽賀奈子

日東書院

さよなら罪悪感・・
私に優しいご機嫌な毎日を

#みりん女子会®

一人では実践しきれなかった
カラダと心を想う
私に優しい毎日

いくつになっても
ときどきの女子会が
日々の活力になるように

仲間がいるから続く
楽しさが習慣をつくる

家事、仕事、子育て、介護…
忙しいすべての女性が楽しく楽な方法で

「私に優しい美味しさで満ちたご機嫌な毎日」を

ずっとあるものを、
もっとずっと愛あるものに。

お米生まれの「米粉とみりん」
みりんは米と米糀からできた発酵食品です。

日本の食文化の源流である「お米」。
「みりん」はこの米と米糀を原料とした発酵食品で
その歴史は約400年以上前にまで遡ります。

稲穂の輝きを思わせる 艶のある黄金色
心を落ち着かせる どこか懐かしい香り
カラダにスッと馴染む 優しさに包まれた神秘的な甘味

みりんは昔、「美醂酒」と書かれていたことからも
"甘くて美しいもの"として愛され続けてきたことがわかります。

みりんのレシピはまさに「甘美」を意味する
「味が程よく甘くて美味しく、心地よくうっとりした気持ち」をもたらしてくれます。

そんな心の琴線に触れるみりんの美しさを米粉とともに
現代にアートすることで、私たちのカラダと心を癒す
"甘美な時"をもっとずっと未来につないでいく。

和食のイメージが強いみりんですが、洋菓子・洋食・パンなど
世界中のレシピを簡単に美味しくできる
この現代の食生活に合った万能な発酵食品であり
みりんの魅力に虜になった#みりん女子の皆さんからは
カラダはもちろん、心もご機嫌に健康になったとのお声が止まりません。

小麦粉は約9割、砂糖は約6割が海外産という中、
国産米を原料とした「米粉とみりん」でさまざまなレシピを楽しむことは
「身土不二＝生まれ育った土地の食べ物がカラダに良い」とする食養生の実践や、
日本のお米の自給率向上に貢献できるとともに、
日々の食卓から「和食」の文化を継承し、普及することにもつながります。

グルテンフリー・砂糖不使用。
「優しさで包まれたまぁるい世界」を日本の米文化で。

無限の可能性を秘めた
懐かしくて新しい「米粉とみりん」の世界のはじまりです。

#みりん女子会 主宰栄養士 Kanako／設楽賀奈子

お米生まれの「米粉とみりん」で私に優しいご機嫌な美味しさを

私たちの腸活レシピの特長

POINT 1　米粉で小麦粉完全不使用
POINT 2　みりんで砂糖完全不使用

| グルテンフリー | シュガーフリー | 血糖値を抑える |

砂糖が血糖値を急上昇させるのに対し、みりんには血糖値の上昇を抑える効果が証明された研究結果があります。妊娠糖尿病だった＃みりん女子の方からも、その効果を実感したお声が届いたほどです。血糖値が急上昇すると、イライラや眠気、空腹感などの不調につながったり、消化吸収のスピードが速くなったりするため、脂肪を溜め込みやすく、太る流れを作ってしまいます。

また、小麦粉や砂糖は悪玉菌を増やすと言われていることから、グルテンフリー・砂糖不使用の「米粉とみりん」のレシピで、ダイエットや日々の心身の不調、腸内環境を整えることができます。

＃みりん女子アンケート結果

小麦粉・砂糖の使用量は変化しましたか？

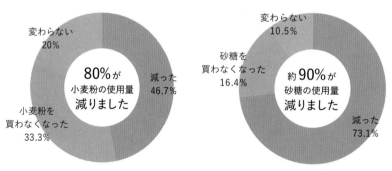

2023年7月　＃みりん女子会アンケート n=134

「米粉とみりん」で洋菓子・洋食・パンを楽しむようになった＃みりん女子の皆さんは優しい甘味に満足できる食習慣に変わり、自然と小麦粉と砂糖のお菓子や料理・パンを食べることが減ります。約80～90％の方が小麦粉・砂糖の使用量が減少、使わなくなった方も多数おられます。

小麦粉や精製食品の砂糖ではなく、日本人が慣れ親しんだお米生まれの米粉と発酵食品みりんだからカラダに馴染みやすく、美味しさも健康も諦めない自然な食生活を楽しく続けられます。

米糀のチカラで美味しくなる発酵食品みりん

みりんには色が薄い"標準熟成"タイプと色が濃い"長期熟成"タイプがありますが、どちらが料理を美味しくするとは一概には言えず、レシピやお好みでその相性は変わります。みりんの多種多様な甘味・旨味・香りの成分は、米が米糀の酵素によって、分解されてできたものです。米糀の働きが弱いとその美味しさを構成する成分が少なく、強いと多い。よって、みりんの美味しさは米糀のチカラで決まると言っても過言ではありません。熟成期間が短くても、みりんの風味が豊富に含まれているものもあります。また、使用されている焼酎（アルコール）でも味わいが大きく変わるので、お好みの「私のみりん」を探してみることがおすすめです。

熟成期間や原材料での味わいの違い

標準熟成・醸造アルコール使用タイプ

無味無臭のアルコール使用でクセがなく
レシピを選ばない使いやすさ
お菓子や料理を茶色く色付けたくないときにも◎

本書ではこちらのタイプを使用

原材料（例）
もち米（国産）、米（国産）、米こうじ（国産米）、
醸造アルコール（国内製造）

長期熟成・米焼酎使用タイプ

原材料の乙類焼酎（米焼酎）の個性が出るため
風味が強く 熟成された濃い液色も特長
昔ながらの方式で作られているものが多い

原材料（例）
もち米（国産）、米こうじ（国産米）、
焼酎乙類

商品の裏面に記載の原材料表示を確認してお楽しみください。
※みりん風調味料は、水あめや酸味料を主体とした調味料で、発酵食品のみりんとは異なります。

熟成期間による色味の変化

みりんの液色が濃く変化するのは、みりんに含まれる甘味成分（ブドウ糖）と旨味成分（アミノ酸）が少しずつ結びつく反応によるもので、本みりんの色が変化しても、品質や調理効果には問題はありません。熟成期間が長くなると味や香りの個性が増します。レシピやお好みの味わいによって、標準熟成もしくは長期熟成タイプの商品をお選びください。お菓子や料理を茶色く色付けたくないときは、標準熟成の色が薄いものがおすすめです。

お酒の種類による味わいの違い

みりんにはさまざまな調理効果がある「お酒（アルコール）」が使用されていますが、その種類の違いでもみりんの味わいに差が出ます。無味無臭でクセのないピュアな醸造アルコール（梅酒を作る際のホワイトリカーと同様のつくり）使用か、原料の個性が強く出る、風味の強い乙類焼酎（米焼酎）が使われているかが大きな違いになります。どちらのタイプがお好みやレシピに合うか、しょうゆのようにレシピによって使い分けていただくこともおすすめです。

おうちのみりんを半量に煮詰めるだけ

簡単！5分でみりんシロップ

作り方 底径15cm程度のお鍋を推奨。鍋底からガス火が溢れているとアルコールに引火する恐れがあります。掲載のレシピを調理する際は、材料に記載の必要量で煮詰めてください。

※みりん100gの場合、中火で約5分で煮詰まります。

POINT
大きい泡が
ぶくぶくしてきたら
とろみが
ついてきている
タイミング

1. 鍋に本みりんを入れ中火にかける。

2. 時折ゆすりながら半量に煮詰めていく。

3. 何度か重量を確認し、半量になったら完成。

私たちのレシピに欠かせない「みりんシロップ」。みりんを半量に煮詰めることで、液色が濃くなり、しっかり甘くて美味しい、とろっとしたシロップに。みりんの甘味度は砂糖の約3分の1ですが、シロップにすることで甘味や旨味・香ばしい風味がUPするので、砂糖やはちみつ、メープルシロップなどの代わりに。血糖値の上昇を抑制する効果もあるので、罪悪感なくお菓子・料理・パン作りを楽しめます。

動画でCHECK
みりんシロップの作り方

私のみりんシロップ物語

自分のための時間を作り出すのは難しい。
罪悪感すら感じていました。
でも、＃みりん女子会の時間がとても楽しくて元気になれて、
翌日からも頑張ろうという気持ちになれた。
「自分だけのための時間」がこんなにも
必要だったんだということに気づくことができた。
なぜか今は、作るものがあるわけでもないのに、
夜な夜なみりんシロップを作ったりしています。
あのみりんシロップを作る短い時間に癒しを感じています。
それだけでいいんです。それだけで自分は癒されるんです。
それに気づかされたことはものすごく大きなことでした。

2023年7月　＃みりん女子会アンケートより

Q： みりんシロップを煮詰めるときの注意点は？

A： みりんはお酒なので、日本酒と同程度の約14度のアルコールが含まれています。煮詰めるときに鍋底からガス火が溢れていると、アルコールに引火する恐れがあります。中火の状態で炎の先が鍋底で隠れる底径15cm程度の十分な大きさの鍋を使用しましょう。

Q： みりんシロップは電子レンジで作っても大丈夫ですか？

A： 電子レンジで加熱するとみりんに含まれるアルコールが爆発し、液体が庫内に飛び散るなど故障の原因になる恐れがあります。みりんのみを電子レンジで加熱することは避けてください。

Q： みりん・みりんシロップのアルコールが気になる。
子どもに食べさせてもOK？

A： みりんにはアルコールが含まれていますが、沸騰してから1～2分ほどでアルコールの多くが飛びます。みりんを半量にまで煮詰めて作る「みりんシロップ」も、アルコールはほとんど残っていないと考えて大丈夫です。しっかり加熱してアルコールを飛ばしていれば妊娠中・授乳中の女性も問題ありません。

Q： みりんシロップを煮詰め過ぎたときは？

A： 掲載しているレシピのみりんシロップはきっちりと半量に煮詰めたものをご使用ください。煮詰め過ぎたみりんシロップですと、味わいに影響するほか、粘度が高くて材料と混ざらないなど失敗の原因になります。煮詰め過ぎた場合はヨーグルトやパンケーキ、コーヒーや紅茶などの飲み物、ドレッシング、その他お料理の仕上げにお楽しみください。

Q： みりんシロップの保存方法は？

A： みりんシロップは、温度変化や振動によって白く結晶化し、固まりやすいという特性があるので、冷蔵庫での保存はおすすめできません。使用する分をその都度、半量に煮詰めてお使いいただくのがベストです。
※みりんが結晶化し、複数の白い固まりとなって出てくることがありますが、品質には問題ございません。

Q： みりんシロップが固まったら？

A： 温度変化や振動によって白く結晶化したみりんシロップは、電子レンジに5秒程度ずつ数回に分けてかけるか、湯煎にかけて溶かしてみてください。注）溶けない場合もあります。

#みりん女子アンケート結果

\ 脱小麦粉・脱砂糖が簡単に叶う /

Q 小麦粉の使用量は変化しましたか? Q 砂糖の使用量は変化しましたか?

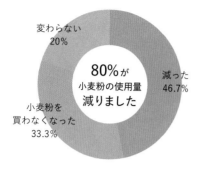
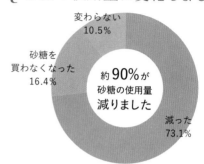

2023年7月 #みりん女子会アンケート n=134

#みりん女子会のレシピを知るまではみりん風調味料も含めて
みりんを買ったことがなかったが現在は砂糖もはちみつもほとんど使うことがなく
1.8ℓのボトルが1カ月でなくなります

胃の負担が軽減したように感じる

お砂糖なしでこんなに美味しいものができるなんて…

お菓子作りや料理の砂糖をすべてみりんに変えて使っています

疲れにくくなった

小麦グルテンでは便秘か腹痛になるが、米粉を使っているため安心して食べられる
ストレスフリー・罪悪感なし

便通が改善されおなかがすっきり

砂糖を使ったお菓子作りをしなくなり、
みりんの甘みで満足できるように

手作りで食べ応えもあり満足感があるので
食べ過ぎることがなくなったように思います

遅い時間に甘いものを欲さなくなった

砂糖をまったく使用しなくなり、味覚が変化。市販のお菓子が美味しいと感じないようになった。
小麦粉も使用することがなく、グルテンフリーの生活に

\ 日々のご機嫌やダイエットに。1〜7kg 痩せた方も！ /

Q 食べることへの罪悪感が減り、
　ご機嫌になれましたか？

いいえ
9.7%

約**90%**が
罪悪感なく
ご機嫌に

はい
90.3%

Q 痩せた、太りづらく
　なりましたか？

いいえ
56%

44%が
太りづらくなり
痩せた

はい
44%

2023年7月 ＃みりん女子会アンケート n=134

みりんで美味しいものが作れたときに、なんだか癒される気分になる。得をしている気分

罪悪感なくおやつの時間を楽しめるようになった

甘いものが大好きな
私と娘のイライラが減りました

＃みりん女子会に入会して意識が変わりました！
市販のお菓子を食べなくなったことで3kg減りました

気持ちも健康、体も健康！
体重増加が抑えられています

優しい甘さでとてもリラックスでき、
食べ過ぎても、友達にシェアしても罪悪感がない

＃みりん女子会のレシピは
子どもにもっと食べたいと
言われても罪悪感なく
一緒に食べることができる

体質改善で食や運動に気を遣い
常に気を張り詰めた生活をしていたが、
＃みりん女子会のレシピで息苦しさがなくなり
ありがたく感じている

食べても
太りにくくなりました

相手のカラダをいたわれるレシピなのでとてもうれしく、
相手とのコミュニケーションや関係性を深めることができる！

市販のお菓子はほとんど食べなくなり、
小麦製品、パンやパスタはまったく食べなくなりました。
7kg減った

市販のアイスを買わなくなり、
1kg減った

急激に体重を落とそうと頑張りすぎるとリバウンドがおきていましたが、みりんに変えてから
リバウンドがなく緩やかに体重も落ちています。みりんを使うようになって3kg落ちました。
このまま焦らずカラダに優しい食事と運動で楽しみたいと思っています

「米粉とみりん」レシピの基本の材料

もち米　　米糀

焼酎
（アルコール）

発酵食品みりんだからできる美味しさ

400年以上の歴史があるみりんですが、意外と知られていないのが…みりんはお米生まれの「発酵食品」であるということ。みりん特有の多種多様な甘味（ブドウ糖やオリゴ糖など）や旨味（アミノ酸）、複雑な香り成分は、お米のでんぷんやたんぱく質が米糀の酵素のチカラで分解、熟成されることで作られます。甘味度は砂糖の約3分の1ですが、旨味と香りのあるみりんの甘味は、砂糖を使わずとも「しっかり甘くて美味しい！」とのお声が多いのが特長です。

また、みりんの大きな特長である原料の焼酎（アルコール）は肉や魚の臭みを消したり、食感を変化させたり、お菓子や料理に使う洋酒のように風味をよくしたり。

甘味や旨味で単に味付けをするだけでなく、食感や香り、てり・つやなどの見た目への調理効果まであるみりんは、立体的な美味しさを作るほかに類を見ない万能調味料です。

＼ おすすめ！ ／

1.8ℓ　　600㎖

タカラ本みりん「純米」〈国産米100％〉
（宝酒造）

［みりん］純米本みりん

みりんは発酵食品なので商品によって個性が違います。製造方法や使われている原材料によって、レシピの仕上がり（色や味わい）に差が出ます。本書では、お菓子や料理が茶色く色付かず、クセのない味わいでレシピを選ばない「標準熟成・醸造アルコール使用・糖類不使用」タイプの純米本みりんを基準に、すべてのレシピ開発を行っています。

注）みりん風調味料は、水あめや酸味料を主体とした調味料で、本書があつかう発酵食品の本みりんとは異なります。

cotta製菓用ミズホチカラ（cotta）

［米粉］製菓用ミズホチカラ

米粉は商品によって粒子の細かさや吸水量に差があるので、仕上がりに差が出ることがあります。私たちのレシピは米粉用に開発された「ミズホチカラ」を使用した製菓用米粉を使用しています。

この米粉を使うことでお菓子をきめ細かく仕上げることが可能です。米粉は粒子がさらさらと細かいため、ふるわなくてもダマができにくいというメリットも。また、グルテンが含まれていないので、アレルギーの方にもおすすめです。

そのほかのお米生まれの調味料

米油

塩糀

料理清酒
（食塩不使用）

純米酢

本書では油は米油をメインで使用。そのほか、米と米糀で作られた発酵食品を多く活用します。料理酒は食塩が入ったタイプがありますが、原材料表示をご確認いただき、食塩不使用の料理清酒をお使いください。塩糀はメーカーによって個性が違うものが多く、使用するもので仕上がりに差が出る場合があります。

「糀」と「麹」の漢字の違い：「糀」は米を原料としたこうじ、「麹」は米だけでなく、穀類を原料としたこうじ全般に使用されます。「糀」は日本の漢字で、日本人が明治時代に糀の様子が「お米に白い花が咲いたかのよう」に見えると思ったことから作られました。一方で、「麹」は中国から伝わってきた古い漢字。米だけでなく麦や大豆などの穀類で作られているすべてのこうじに使用される漢字です。

そのほかの粉類

ベーキングパウダーはアルミフリーのものを使用。

アーモンドパウダー

片栗粉

ベーキングパウダー（アルミフリー）

大豆生まれの調味料

無調整豆乳

日本の食文化に欠かせない大豆。牛乳の代わりに砂糖や食塩不使用で、大豆のみを原料とした無調整豆乳を使用します。

※本書で使用している卵はMサイズ（正味約50g）です。

本書では砂糖と塩を使っていません

腸活さしすせそのすゝめ

砂糖をみりんに／塩を塩糀に替えるだけ!!
基本の調味料をすべて発酵食品に

さ
砂糖 → みりん

し
塩 → 塩糀

す
酢

せ
醤油

そ
味噌

contents

第1章
グルテンフリー・砂糖不使用
はじめての米粉とみりんのお菓子・ドリンク

第2章
グルテンフリー・砂糖不使用
米粉とみりんの焼き菓子

第3章
グルテンフリー・砂糖不使用
米粉とみりんの冷たいお菓子

第4章
グルテンフリー・砂糖不使用
はじめての米粉とみりんの料理

第5章
グルテンフリー・砂糖不使用
米粉とみりんの愛され洋食

本書のレシピの決まり

● 電子レンジは出力600Wのものを使用しています。

● オーブンは電気オーブンを使用しています。機種や熱源によって焼き時間に違いがでるので、様子を見ながら加減してください。

● 保存期間は目安です。保存状態で日持ちは変わるので、なるべくお早めにお召し上がりください。

日本の母なる甘味「みりん」

今、ここにある懐かしさで満たされる

紀元前350年、古代ギリシャの哲学者アリストテレスが「すべての生き物は甘さから栄養を得る」と述べているように、「甘い＝美味しい」と感じることで人々は生き永らえ、進化してきたと言えます。

このことからも、「うまい」は漢字で「甘い（うまい）」とも書かれたのでしょう。

私たち人間が生まれてはじめて口にする母乳の味も甘味。つまり、「甘い」は母なる愛で満たされた潜在的な記憶。

「甘いは私が私を生きはじめた証」なのです。

みりんの甘味度は砂糖の約3分の1ですが、母乳のような優しさに包まれたこの甘味は与える側も与えられる側も本能的に安心感と温もりを抱く甘味。

米粉とみりんのレシピは、どこか懐かしい記憶を呼び起こし、私を優しさで満たしてくれます。そんな、カラダと心をやわらかくする美味しい時間で、過去の私を抱き、輝く未来を今、はじめるきっかけに。

優しさで包まれた私がまあるい世界をつくる

みりんの優しい甘味を生み出す源「お米」は、日本の食文化の要であり、「和食」は「人を良くして和をつくる」と書くことからも、「カラダと心の調和をもたらし」「気持ちを和ませ」「人々に平和を」もたらす食文化とも言えます。

「身土不二＝生まれ育った土地で生育された食べ物を食べることがカラダに良い」という食養生の考え方。最近は「地産地消」という言葉も生まれていますが、その土地に暮らす人々に必要な食べ物は、その土地の恵みとして与えられているものなのです。私たち日本人が海外産の小麦粉や砂糖を控え、国産米を使用した「米粉とみりん」で和食のみならず、海外の食文化も楽しむことは自然の摂理にもかなっており、心身の健康に欠かせません。

お米生まれの伝統食材「米粉とみりん」でつくるグルテンフリー・砂糖不使用のレシピでカラダと心が優しい美味しさで満ちるとき、優しさで包まれた、まあるい世界が生まれます。

第 1 章

グルテンフリー・砂糖不使用

はじめての米粉とみりんの
お菓子・ドリンク

優しさに包まれた
まあるい美味しさ

日本のお米生まれの「米粉とみりん」で作る
グルテンフリー・砂糖不使用のお菓子。
"生まれ育った土地の食べ物を食べることがカラダに良い"とする「身土不二」。
この食養生の考えにも添ったレシピは、
私たち日本人のカラダと心に本来の健康と優しさをもたらします。

米粉とみりんのふんわりパンケーキ

乳なし

米粉とは思えない、しっとり、ふんわりとしたパンケーキ。
そのまま食べてもほんのり甘い、みりんの優しい美味しさが大好評です。
＃みりん女子がマスターしたい定番の一品。

材料　直径10cm大 4〜5枚分

製菓用米粉 ……………………………… 90g
ベーキングパウダー …………………… 5g
全卵 ……………………………… 1個（50g）
みりんシロップ・粗熱を取ったもの …… 30g
（本みりん … 60g→シロップの作り方P.8）
塩糀 ………………………………… 小さじ1
無調整豆乳 ……………………………… 40g

※お好みでみりんシロップ（分量外）をかけ
てお楽しみください。

作り方

1 ボウルに米粉、ベーキングパウダーを入れ、ホイッパーで混ぜ合わせる。

2 別のボウルに全卵とみりんシロップを入れ、ハンドミキサーの高速で泡立てる。

3 たらした跡が消えないくらいまで泡立てたら、低速で30秒ほど混ぜてきめを整える。

4 3に塩糀と豆乳を加え、ホイッパーで軽く混ぜる。

5 4に1を加え、少しダマが残る程度までホイッパーで下からすくうようにふんわり混ぜる。
※混ぜ過ぎると膨らみが悪くなる。

6 フライパンを中火で熱し、油（分量外）を敷いて一度拭き取り、おたま1杯分を流し弱火で焼く。

7 1分ほど焼いて泡が出てきたらひっくり返し、裏面も焼き色がつくまで焼く。

保存

1枚ずつラップで包み、保存容器に入れて冷蔵庫で2日間、冷凍庫で2週間。
※電子レンジで、冷蔵の場合：20秒、冷凍の場合：40秒ほど温めると美味しい。

3

5

7-1

7-2

みりんスイートポテト

優しい甘味のみりんだから、さつまいも本来の風味をしっかり引き立て、
飽きのこない味わいに仕上がります。大人も子どももホッとできる美味しさです。
冷凍できるので、お弁当のおやつにもおすすめ。

ミニマフィン型12個取り10個分
※5号のグラシンカップ（3×高さ2cm）

材料

さつまいも（正味）	200g
無塩バター	15g
みりんシロップ・粗熱を取ったもの	40g
（本みりん…80g→シロップの作り方P.8）	
生クリーム	30g
塩糀	5g
卵黄……1個分から塗り卵用（小さじ1強）	
を取った残り	

［塗り卵用］

卵黄	小さじ1強
水	適量

下準備

・塗り卵用の卵黄に水を少量入れ、刷毛で塗りやすい濃度にする。
・オーブンを190℃に予熱する。
・マフィン型にグラシンカップを入れる。

作り方

1 さつまいもの皮をむいて1cmの輪切りにし、水にさらす。

2 1を鍋に入れて水からゆで、竹串がスッと通ったらお湯をしっかりと捨てる。

3 2をめん棒等でつぶし、バターを入れてゴムベラで混ぜながらバターを溶かす。

4 みりんシロップ、生クリーム、塩糀、卵黄の順に入れ、ゴムベラで混ぜ合わせる。

5 1〜3分ほど弱火にかけ、なめらかなマッシュポテト状にする。

6 粗熱が取れたら絞り袋に入れ、用意していた型に1個30g弱を絞り入れる。
   ※絞り袋の代わりにポリ袋に入れ、角を1cmほどカットして絞り出してもよい。
   ＊手で丸め、オーブンシートを敷いた天板に並べてもよい（下写真参照）。

7 塗り卵を刷毛で塗り、190℃のオーブンで約12分〜焼き色がつくまで焼く。

保存

保存容器に入れて冷蔵庫で3日間。ラップで包み、保存容器に入れて冷凍庫で2週間。冷凍した場合、自然解凍で早めに食べる。

〈絞り袋使用の場合〉　〈手で丸める場合〉

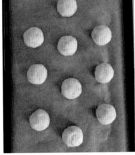

ポイント

・さつまいもは鳴門金時がおすすめ。
・5の状態はさつまいもにより違うので、生地が硬ければ生クリームを足す。

6　　　6＊　　　5

くるみとレーズンのみりんグラノーラ

調味料は発酵食品のみりんだけ！なのに、やみつきになる複雑な味わいです。
みりんを飴化させることで、バリっと美味しい板状に固まります。
粉類不使用、ノンオイル・ノンシュガーなので罪悪感知らず。毎日の朝食やおやつにどうぞ。

材料

オートミール（ロールドオーツ）………100g
レーズン ………………………………20g
くるみ（手で粗めに砕く）……………30g
みりんシロップ・熱い状態のもの………50g
（本みりん…100g→シロップの作り方P.8）
※クイック／インスタントオーツでは仕上がりの形状や味わいが変わります。

下準備

・オーブンを150℃に予熱する。

作り方

1 材料をすべてボウルに入れ、みりんシロップが全体に行きわたるようにゴムベラでよく混ぜ合わせる。

2 オーブンシートを敷いた天板に1を入れ、隙間がないように全体に広げる。

3 ゴムベラでしっかりプレスし、全体を押し固める。

4 150℃のオーブンで15分ほど焼いて、オーブンから取り出す。

5 完全に冷まして板状に固まったら、お好みの大きさに手でざくっと割る。
※ロールドオーツの粒が大きい・厚みがあるものは板状に固まらない場合がある。

保存

保存容器に乾燥剤と一緒に入れて7日間。

3   5

25

カラダと心と対話する私の時間
〜みりんジャムとドリンク〜

家庭や社会での役割を優先し、自分ファーストを忘れがちなあなたに。
毎日のジャムやドリンクを砂糖不使用、みりんで楽しむだけで、
私のカラダと心と対話する時間が生まれ、ご機嫌で優しい気持ちに。

いちごのみりんコンフィチュール

砂糖の量が気になるジャムも、みりん仕様ならシュガーフリー。
しかも、材料3つを煮詰めるだけという驚きの手軽さで作ることができます。
みりんなら血糖値が上がりづらいので、安心して楽しめます。

材料	作りやすい分量

いちご（冷凍可）……………………………… 100g
本みりん ………………………………………… 100g
レモン汁 ………………………………………… 小さじ1

作り方

1 材料をすべて鍋に入れ、中火にかける。

2 ゴムベラでいちごをつぶしながら混ぜ、焦がさないように煮る。

3 沸騰してから6〜7分ほどで火を止め、とろみがついたら、清潔な瓶などに入れて冷ます。

保存	冷蔵庫で1週間。

3

オレンジとりんごの紅茶みりんジャム

オレンジ×りんご×紅茶の味わいをみりんでまとめたら、
調和した華やかな美味しさになりました。
朝食やティータイムのパンやスコーンに添えて優しさ溢れるひと時を。

材料　作りやすい分量

りんご（正味）……………………100g
オレンジ（正味）…………………100g
本みりん……………………………200g
レモン汁……………………………小さじ1
紅茶葉……………………………小さじ⅛

下準備

・りんごは皮をむいて半量をすりおろし、レモン汁（分量外）をかける。
　残りの半量は5㎜角にカットする。
・オレンジも皮をむき、1cmほどのざく切りにカットする（中の白い果皮はついたままでよい）。

作り方

1 鍋に本みりんを入れ、中火にかけて半量になるまで煮詰める。

2 りんご、オレンジ、レモン汁を入れ、7分ほど煮る。

3 火を止めて紅茶葉を入れ、ゴムベラで混ぜる。

4 清潔な瓶などに入れ、粗熱が取れたら冷蔵庫で冷やす。

保存　冷蔵庫で1週間。

ポイント

紅茶葉はアールグレイを使うと香りが良いが、アッサムやセイロンなどでもよい。

3

みりんホットチャイ

みりんアイスチャイ

スパイシーみりんチャイシロップ

卵・乳
なし

みりんのアルコール成分で、スパイスの風味をしっかりと引き出した、濃厚なチャイシロップ。
ドリンクとしてはもちろん、アイスやパンケーキ、スコーンにかけても。
P.8のみりんシロップとは一味違う、大人バージョンのシロップとしてお楽しみいただけます。

材料　3～4杯分

A
本みりん	330g
しょうがスライス	6枚（25g）
シナモンスティック	1本
カルダモン（ホール）	5粒
クローブ（ホール）	6粒

紅茶（ティーバック）・・・・・・・・・・・・・3袋（6g）

下準備

・しょうがは皮つきのまま3mmほどの厚さに
　スライスする。
・シナモンスティックは半分に割る。
・カルダモンはキッチンペーパーに包んでめ
　ん棒などでたたいてつぶし、サヤごと使用
　する。
・紅茶葉のティーバッグを開けておく。

作り方

1　Aを鍋に入れて中火にかけ、200gになるまで煮詰める。

2　とろみがついたら弱火にして、紅茶葉を入れてさらに
　1分ほど煮る。

3　火を止めて蓋をし、そのまま冷ます。

4　清潔な瓶などに茶こしでこして入れる。

保存　常温で4日間。※温度変化や振動によって、白く結晶化することがある。固まった場合はP.9参照。

ポイント

紅茶葉はアッサムやセイロンティーが加熱に強くおすすめ。

1　　　　2

みりんホットチャイ

卵・乳
なし

材料　マグカップ1杯分

みりんチャイシロップ・・・・・・・・・・・30～40g
豆乳・・・・・・・・・・・・・・・・・・・・・・・・・・・・・150g

作り方

鍋に材料を入れ、軽く混ぜて温める。

みりんアイスチャイ

卵・乳
なし

材料　グラス1杯分

みりんチャイシロップ・・・・・・・・・・・30～40g
豆乳・・・・・・・・・・・・・・・・・・・・・・・・・・・・・100g
氷・・・・・・・・・・・・・・・・・・・・・グラスにたっぷり

作り方

氷を入れたグラスにみりんチャイシロップと豆乳
を入れ、よく混ぜる。

みりんラズベリーソーダ

卵・乳
なし

材料2つ！みりんとラズベリーだけでできるみりんラズベリーシロップで楽しむドリンク。
シロップは、ヨーグルトやパンナコッタ、アイスなどにかけても◎
発酵食品みりんの複雑味とほどよい甘味で、飽きのこない味わいに。

材料	グラス3杯分

冷凍ラズベリー ……………………… 100g
本みりん …………………………… 180g
炭酸水、氷 …………………………… 各適量

作り方

1 鍋に本みりんを入れ、中火で半量になるまで煮詰める。

2 1の鍋に冷凍ラズベリーを加え、ゴムベラでつぶしながら中火で沸騰させる。

3 清潔な瓶などに入れ、粗熱が取れたら冷蔵庫で冷やす。

4 たっぷりの氷と一緒に、みりんラズベリーシロップ
1：炭酸水2を目安にお好みの分量で割る。
　※みりんラズベリーシロップ、氷、炭酸水の順にグラスに入れると綺
　　麗な層ができる。

保存	※みりんラズベリーシロップ

冷蔵庫で1週間。冷凍庫で1カ月。

みりんマンゴージンジャーラッシー

卵・乳
なし

乳製品不使用。みりんマンゴージンジャーシロップの華やかな風味で豆乳の臭みを消しているので、
豆乳が苦手な方にもおすすめしたいラッシーです。
マンゴーの甘味を、しょうがの辛味とレモンの酸味でキレのある味わいに。

| 材料 | グラス2杯分 |

A ┌ 冷凍マンゴー ················· 100g
 │ 本みりん ···················· 50g
 │ レモン汁 ···················· 10g
 └ しょうが（すりおろし）········ 5g
無調整豆乳、氷 ················· 各適量

| 作り方 |

1 Aを鍋に入れて中火にかけ、110gになるまでゴムベラ
 で混ぜながら煮詰める。

2 清潔な瓶などに入れ、粗熱が取れたら冷蔵庫で冷やす。

3 みりんマンゴージンジャーシロップ1：豆乳2を目安に
 お好みの分量で割る。

4 ミキサーやブレンダーで攪拌し氷で割る。

| 保存 | ※みりんマンゴージンジャーシロップ

冷蔵庫で2日間。冷凍庫で1カ月。

＃みりん女子からのお便り ✉

Kanakoさんへ

こんにちは。

中略

米粉とみりんとの出逢いで私の人生は激変しました。

こうして幸せになれる世界を教えていただきありがとうございます。糀を身近に感じられる日本人でよかった、と最近つくづく思います。私ごとではありますが、今年の春に実の母を亡くしました。約2年半、病と闘っていました。食欲がなくなっても最期まで私の手料理を食べたいとリクエストしてくれる母に、迷いもなく、自信を持って料理ができたのは紛れもなく"米粉とみりん"のおかげでした。

闘病中は食事制限もあり、辛い毎日だったと思います。離れて暮らしていたので、私ができることは限られていましたが…。本当は食欲もなく辛くて仕方ないはずなのに、振る舞う料理に母からもらう「美味しい」は胸が熱くなるほど特別なものを感じました。また、"米粉とみりん"のサロンの話をするとみりんの素晴らしさに一緒に感動してくれました。Kanakoさんが教えてくださった世界は、私にとって一生ものの宝物となりました。母と話したみりん話は忘れられません。母と語ったみりん話、これからは娘にも伝えていけたらと思います。

「みりんで世界を幸せに！」Kanakoさんなら絶対に叶えてくださると信じています。すでに、私を含むたくさんのサロンメンバーさんがKanakoさんが作り出す世界に魅了されていますもんね。これからもたくさん学ばせてください。ずっと応援しております。最後に私を＃みりん女子®にしてくださりありがとうございます！

＃みりん女子会メンバー　30代Cさん

主宰栄養士Kanakoより

この活動をはじめるきっかけにもなった、私が経験した病と同様の病気でお母様を亡くされたCさん。

このお手紙をはじめて読んだとき、私が大病を経験したことの意味と使命を改めて感じました。「病はギフト」。今だから言えることではありますが、自分自身はもちろん、周りの家族や大切な人との関係においても、人生の本質と向き合う時間がそこにはありました。

小さな不調一つにも、そのメッセージは込められているものですが、日々の忙しさに見て見ぬふりをしがち。

＃みりん女子会はそんな忙しい女性の暮らしに、「米粉とみりん」のレシピでカラダと心と対話する「私の時間」を提供することを大切にしています。

毎日の「私のゆらぎ」に優しく寄り添うお守りのような美味しさで、世界中の女性が今ある豊かさに気づき、明るく軽やかに明日をまた迎えられますように。

第2章

グルテンフリー・砂糖不使用

米粉とみりんの
焼き菓子

今、ここにある
懐かしさで満たされる

人間が生まれてはじめて口にする
"母乳のような優しさに包まれたみりんの甘味"は
与える側も与えられる側も本能的に
安心感と温もりを感じる甘味。
どこか、懐かしい美味しさで心が満ちる時を。

米粉とみりんのバタースコーン

乳
なし可

ゴムベラ1本でできる簡単さなのに…味わいも食感も本格派。
冷凍保存もおすすめなので、常備しておきたい#みりん女子の定番おやつです。
米粉のおやつは腹持ちがよく、朝食のごはんやパンの代わりにおすすめ。
みりんシロップやみりんジャムをつけてお楽しみください。

材料　6個分

A ┌ 製菓用米粉 ……………………………140g
　├ アーモンドパウダー ………………40g
　└ ベーキングパウダー ………………小さじ1

B ┌ みりんシロップ・粗熱を取ったもの …35g
　│（本みりん 70g→シロップの作り方P.8）
　├ 溶き卵 ……………………………………20g
　├ 無調整豆乳 ………………………………35g
　└ 塩糀 ………………………………………小さじ1
有塩バター（米油でも可）………………55g
※米油に代えれば乳製品不使用に。

下準備

・バターを耐熱ボウルに入れて湯煎にかける。
　もしくは、ラップをかけずに電子レンジで40
　秒ほど加熱して溶かし、粗熱を取る。
・オーブンを170℃に予熱する。

作り方

1 Aをボウルに入れてゴムベラで混ぜる。

2 小さいボウルにBを入れ、ゴムベラで軽く混ぜる。

3 溶かした有塩バターを1のボウルに加えて切るように混ぜる。

4 大きな塊がなくなったら2を加えてしっかり混ぜ合わせる。

5 6等分（約55g／個）にしてふんわり軽く丸め、オーブンシートを敷いた天板に並べる。

6 溶き卵（分量外）を刷毛で塗り170℃のオーブンで20分ほど焼く。

保存

保存容器に入れて常温で2日間。
1個ずつラップで包み、保存容器に入れて冷凍庫で2週間。

※電子レンジで、冷蔵の場合：20秒、冷凍の場合：40秒ほど温めると美味しい。

3

4

5

米粉とみりんのコーヒースコーン

コーヒーの苦味をみりんのコクのある甘味でまろやかに仕上げました。くるみはザクザクたっぷり。
#みりん女子の至福の時間に欠かせない1品。ゴムベラ1本でできる私に優しいレシピ。
プレーン（P.41）と一緒に冷凍保存で常備してお楽しみください。

材料　6個分

A　製菓用米粉 ……………………100g
　　アーモンドパウダー ……………30g
　　ベーキングパウダー …………小さじ1
　　インスタントコーヒー ……………3g
B　みりんシロップ・粗熱を取ったもの …25g
　　（本みりん…50g→シロップの作り方P.8）
　　溶き卵 ……………………………15g
　　無調整豆乳 ……………………25g
米油 ……………………………………40g
くるみ …………………………………40g

下準備

・くるみを160℃のオーブンで13分焼き、粗
　めに刻む。
・オーブンを170℃に予熱する。

作り方

1　Aをボウルに入れてゴムベラで混ぜる。

2　小さいボウルにBを入れ、ゴムベラで軽く混ぜる。

3　米油を1のボウルに加えて切るように混ぜる。

4　大きな塊がなくなったら2を加えてしっかり混ぜ合わ
　　せる。

5　刻んだくるみを加えて混ぜる。

6　厚さ2.5cmほどの円形に整え、三角形に6等分にカッ
　　トする。

7　オーブンシートを敷いた天板に並べ、溶き卵（分量外）
　　を刷毛で塗り170℃のオーブンで20分ほど焼く。

保存

保存容器に入れて常温で2日間。
1個ずつラップで包み、保存容器に入れて冷凍庫で2週間。

※電子レンジで、冷蔵の場合：20秒、冷凍の場合：40秒ほど温めると
　美味しい。

3　　　　　　　　4　　　　　　　　6　　　　　　　　7

みりんチーズクッキー

「みりん×チーズ」。意外なようで「発酵食品」という共通点から相性の良い食材同士。
みりんの複雑な甘味と旨味でチーズの風味をUP！リッチな味わいに仕上がっています。
おやつにはもちろん、ワインやビールとも相性の良いクッキーです。
使用する塩糀によっては、翌日からはしっとり、ソフトクッキーのような食感を楽しめます。

材料　11本分

無塩バター	30g
塩糀	2g

A
製菓用米粉	40g
パルメザンチーズ（粉末）	25g
アーモンドパウダー	10g

B
みりんシロップ・粗熱を取ったもの	20g
（本みりん 40g→シロップの作り方P.8）	
溶き卵	10g
無調整豆乳	小さじ1
粗挽き黒こしょう	適宜

下準備

・バターを常温でやわらかくする。
・材料AとBを別々のボウルに入れ、ホイッパーでそれぞれよく混ぜ合わせる。
・オーブンを140℃に予熱する。

作り方

1　ボウルにバターと塩糀を入れ、ホイッパーで混ぜる。

2　Bを5回に分けて1に入れ、分離しないようにホイッパーでよく混ぜる。

3　2にAを入れ、ゴムベラで粉気がなくなるように切ったり押しつけたりして混ぜ合わせる。

4　ラップに包み、10×11×高さ1cmほどにめん棒で伸ばし、冷凍庫で15分ほど冷やす。

5　ラップをはずして、端から1cm幅の棒状にカットし、オーブンシートを敷いた天板に間隔をあけて並べる。溶き卵（分量外）を刷毛で塗る。お好みで粗挽き黒こしょうを振りかける。

6　140℃のオーブンで10分焼き、天板の前後を入れ替えて8〜10分、表面が香ばしくなるまで焼く。

保存　保存容器に乾燥剤と一緒に入れて1週間。

3

4

5-1

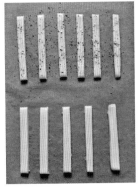
5-2

みりんマドレーヌ

焼きたてが一番美味しいマドレーヌ。オーブンから出して粗熱が取れた頃が食べ頃。
外はカリっと中はしっとりとしていて、みりんの甘味と香り、
キャラメルのような懐かしくて新しい風味が楽しめます。
みりんの魅力がシンプルに引き立つレシピです。

材料

マドレーヌホタテ型　9個分
※シェル型でも可能です。

A	製菓用米粉	70g
	アーモンドパウダー	20g
	ベーキングパウダー	3g

みりんシロップ・粗熱を取ったもの ……… 80g
（本みりん … 160g→シロップの作り方P.8）
米油 ……………………………………………… 40g
無調整豆乳 ……………………………………… 40g
製菓用米粉（型用） ……………………………… 適量
無塩バター（型用） ……………………………… 適量
※オイルでも可能だが、バターのほうが型からはずしやすい。
※オイルに代えれば乳製品不使用に。

下準備

・型用バターを室温に戻してやわらかくし、
　刷毛か指で型に塗って、米粉をはたく。型
　をたたいて余分な粉をしっかり落とし、冷
　蔵庫で冷やす。
・材料Aをボウルに入れ、ホイッパーで混ぜる。
・オーブンを170℃に予熱する。

作り方

1　ボウルにみりんシロップ、米油、豆乳を入れて、ホイッパーでとろっとした状態になるまでよく混ぜる。

2　1にAを入れ、ホイッパーで粉の塊が見えなくなるまで混ぜ合わせる。

3　型に生地を8分目まで流し入れ、台に軽く落として、生地の中の気泡を抜く。

4　170℃のオーブンで8分焼き、天板の前後を入れ替えて160℃に下げて6〜8分焼く。

5　焼き上がったらすぐに型から出し、生地のふくらんだほうを下にして網にのせて冷ます。

保存

1個ずつラップで包み、保存容器に入れて常温で3日間
（暑い時期は冷蔵庫で保存）。

※電子レンジで10秒ほど温めると、ふわっとして美味しい。

下準備　　　　1　　　　　3　　　　　5

みりんバナナショコラケーキ

卵・乳なし

卵・乳製品・チョコレートも不使用。なのに、しっかり甘くて、濃厚なショコラケーキです。
乾燥しやすい米粉のお菓子ですが、冷蔵庫で冷やしてもしっとり、
リッチ感のある食感と味わいに驚いていただけます。

材料　18×8×高さ6cmパウンド型1台分

A ┌ 製菓用米粉 ……………………… 90g
　├ アーモンドパウダー …………… 20g
　├ ココアパウダー ………………… 15g
　└ ベーキングパウダー …………… 5g
みりんシロップ・粗熱を取ったもの …… 100g
（本みりん … 200g→シロップの作り方P.8）
バナナ（正味）…………………………… 80g
無調整豆乳 ……………………………… 60g
米油 ……………………………………… 50g

飾り用のバナナ ………………………… 1/3本

下準備

・バナナの80gをフォークでつぶす。
・飾り用のバナナは5mm厚10枚にスライスする。
・材料Aをボウルに入れ、ホイッパーで混ぜる。
・オーブンを160℃に予熱する。
・型にオーブンシートを敷く。

作り方

1　ボウルにみりんシロップ、つぶしたバナナ、豆乳、米油を入れて、ホイッパーでとろっとした状態になるまでよく混ぜる。

2　1に材料Aを入れ、なめらかな生地になるまでゴムベラで混ぜ合わせる。

3　2を型に流し入れ、スライスしたバナナを上に飾る。

4　160℃のオーブンで45分ほど焼く。

5　焼き上がったらすぐに型から出し、網の上で冷ます。粗熱が取れたらオーブンシートをはずす。

保存　ラップでしっかり密封し、冷蔵庫で5日間。

ポイント

バナナは斑点のある少し熟したものを使用。
硬い場合は電子レンジで1分ほど温めるとよい。飾り用のバナナは温めない。

下準備

1

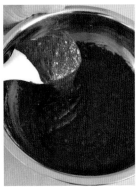
2

3

vol. 1
みりんバナナショコラパフェ

「これがすべて砂糖不使用！みりんだけで？」と驚かれる方も多いはず。
濃厚なみりんバナナショコラケーキに、
甘酸っぱいみりんラズベリーアイスとシロップを合わせて食べ飽きないバランスに。
底に忍ばせたザクザクみりんグラノーラの食感も楽しめます。
女子の心を射止める！健康も美味しさも諦めない、罪悪感知らずのバナナパフェ！

みりんラズベリーアイス
P.56

みりんバナナショコラケーキ
P.48

みりんラズベリーシロップ
P.34

くるみとレーズンの
みりんグラノーラ
P.24

第 3 章

グルテンフリー・砂糖不使用

米粉とみりんの
冷たいお菓子

私に優しい美味しさで満ちた
ご機嫌な毎日を

カラダと心を想う、私に優しい毎日。

家事、仕事、子育て、介護……、忙しいすべての女性が楽しく楽な方法で、

私に優しい美味しさで満ちたご機嫌な毎日を過ごす未来を。

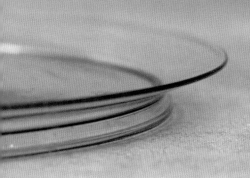

みりんチーズテリーヌ

砂糖の約3分の1の甘味度の発酵食品みりんだからできる！
チーズ本来の旨味はもちろん甘味や酸味がグッと引き立ち、
使用するチーズの美味しさをそれぞれ楽しめます。
ねっとり、クリーミーな食感に思わず笑みがこぼれます。みりんラズベリーシロップをかけても◎

材料　18×8×高さ6cmパウンド型1台分

クリームチーズ ………………………… 200g
ヨーグルト（無糖） ……………………… 50g
生クリーム ……………………………… 100g
全卵 …………………………… 2個（100g）
みりんシロップ・粗熱を取ったもの …… 100g
（本みりん…200g→シロップの作り方P.8）
製菓用米粉 ……………………………… 10g
レモン汁 ………………………………… 小さじ1

下準備

・クリームチーズを耐熱ボウルに入れ、ラップ
　をかけずに電子レンジで30秒ほど加熱し、
　やわらかくする。
・オーブンを160℃に予熱する。
・型にオーブンシートを敷く。

作り方

1　クリームチーズに材料をすべて上から順に加え、その
　　都度ホイッパーでできるだけ泡立てないようにゆっく
　　り混ぜ合わせる。

2　1を型に流し入れ、表面にできた気泡をゴムベラでつ
　　ぶす。

3　バットなどに型が1.5cmほど浸かるようにお湯（約60
　　℃）を注ぎ、160℃のオーブンで30分焼き、天板の前後
　　を入れ替えて15分ほど焼く。
　　※温度計がない場合、沸かしたお湯に、同量の水を加えて火を止め
　　　ると約60℃の湯煎のお湯ができる。

4　型に入れたまま粗熱を取り、しっかり冷やして型から
　　はずす。

保存

ラップで包み冷蔵庫で3日間、冷凍庫で2週間。
※一晩冷蔵庫で休ませると、より美味しく仕上がる。
※冷凍した場合、冷蔵解凍で早めに食べる。

2-1

2-2

3

みりんラズベリーアイス

砂糖不使用とは誰も気づかない!
ヘルシー感を感じさせない本格派のアイス。一度は試してほしい、驚きの美味しさです。
米粉を使用することで溶けづらく仕上げています。

| 材料 | 500㎖程度の冷凍可能な深めの容器 |

無調整豆乳 ……………………………… 50g
製菓用米粉 ……………………………… 5g
生クリーム ……………………………… 100g
（乳脂肪分40%以上がおすすめ）
みりんシロップ・粗熱を取ったもの …… 40g
（本みりん…80g→シロップの作り方P.8）
みりんラズベリーシロップ …………… 50g
（→P.34参照）

作り方

1　耐熱ボウルに豆乳を入れ、米粉を加えてホイッパーでしっかり混ぜ合わせる。

2　1を電子レンジ600wで30秒加熱し、一度取り出して混ぜる。

3　2を再び20秒加熱し、よく混ぜてからしっかり冷ます。

4　別のボウルに生クリームとみりんシロップを入れ、氷水にあてながらハンドミキサーで泡立てる。

5　4をつのが立つくらいまで泡立てたら2回に分けて3に加え、その都度ホイッパーで下からすくうように混ぜ合わせる。

6　保存容器に5を半分ほど流し、ラズベリーシロップの半量をかける。残りも同様に繰り返す。

7　全体をスプーンなどで軽く混ぜてマーブル模様にし、冷凍庫で3時間以上冷やし固める。

| 保存 | 冷凍庫で2週間。 |

※みりんラズベリーシロップをP.28「いちごのみりんコンフィチュール」に変えると、みりんいちごアイスに仕上がる。
※シロップやジャムなしで4でバニラエッセンスを2滴ほど入れても美味しい。

3　　　　　5　　　　　6　　　　　7

卵・乳
なし

トロピカルみりんレモンゼリー

思い立ったらすぐにできる簡単さだから、
季節ごとのフルーツを入れて、長く楽しんでもらいたいレシピ。
みりんの優しい甘味とレモンの酸味は相性が良く、2つの絶妙なバランスが楽しめます。

| 材料 | 200mlグラス　4個分 |

本みりん……………………………………240g
水………………………………………………200g
ゼラチン…………………………………………8g
レモン汁…………………………………………30g
お好みのフルーツ…………………………適量
※写真は冷凍マンゴーとキウイフルーツを使用。

下準備

・ゼラチンをふやかす。
　[板ゼラチンの場合] たっぷりの氷水につけ
　て、やわらかくなれば水気を絞る。
　[粉ゼラチンの場合] 5倍量の冷水40g（分量
　外）に振り入れて、ふやかす。
・ゼリーを冷やし固めるための20cmほどのボ
　ウルを用意する。
・鍋が入る大きさのボウルに氷水を用意する。

作り方

1 鍋に本みりんを入れ、中火で半量になるまで煮詰める。

2 1の鍋に水を加え、まわりがふつふつと沸いてきたら
　火を止め、ゼラチンを入れて溶かす。

3 粗熱を取って、レモン汁を加えて混ぜる。

4 ボウルに入れてラップをかけ、冷蔵庫で固まるまで冷
　やす。

5 4をフォークで軽くくずして、フルーツと交互にグラス
　に入れる。

| 保存 | 冷蔵庫で2日間。 |

※フルーツと一緒にグラスに入れたものは当日。

2

5

みりんコーヒーゼリー

みりんの優しい甘味と旨味がコーヒーの風味を引き立てます。
さらに、余計な苦味や酸味のカドをまろやかにし、完成度の高い仕上がりに。
みりんクリームとシナモンパウダーをかけていただくのがおすすめです。

材料	200㎖グラス3個分

[コーヒーゼリー]
本みりん ………………………… 100g
水 ………………………………… 270g
ゼラチン ………………………… 5g
インスタントコーヒー …………… 6g
[みりんクリーム]
生クリーム ……………………… 70g
本みりん ………………………… 20g

シナモンパウダー ……………… 適宜

下準備

・ゼラチンをふやかす。
　[板ゼラチンの場合] たっぷりの氷水につけ
　て、やわらかくなれば水気を絞る。
　[粉ゼラチンの場合] 5倍量の冷水25g（分量
　外）に振り入れて、ふやかす。

作り方

1　鍋にゼリーとクリーム用の本みりん合計120gを入れ、中火で半量になるまで煮詰める。クリーム分の10gを取り分けておく。

2　1の鍋に水を加えて沸騰させる。

3　沸騰したら火を止め、ゼラチンとインスタントコーヒーを加えてよく溶かす。

4　粗熱を取ってカップに流し、冷蔵庫で3時間以上冷やし固める。

5　取り分けておいたみりんシロップと生クリームを混ぜ合わせる。

6　固まったゼリーの上に5を流し、お好みでシナモンパウダーをかける。

保存

冷蔵庫で2日間。

＃みりん女子のご褒美パフェ
vol.2
みりんコーヒーゼリーパフェ

みりんコーヒーゼリーに、スパイシーなチャイシロップとバニラアイスをのせて。
大人のコーヒーゼリーパフェの完成です。
ゼリーとアイスの食感の違い。みりんの甘味とスパイスの刺激。
スプーンで一口すくうたびに美味しさが広がります。

スパイシーみりんチャイシロップ
P.32

みりんバニラアイス
P.56
※みりんラズベリーシロップなしで調理

みりんコーヒーゼリー
P.60

第 4 章

グルテンフリー・砂糖不使用

はじめての
米粉とみりんの料理

食卓から
カラダと心を整える

「小麦粉と砂糖」を「米粉とみりん」に変えた
#みりん女子の皆さんからは
カラダと心が以前より「健康に！ご機嫌になった！」とのお声が止まりません。
日々の食卓からはじめるご機嫌で軽やかな私。

みりんシロップドレッシング

みりんごジンジャードレッシング

トマトとみりんのヨーグルトドレッシング

みりんシロップ
ドレッシング

オリーブオイルを使用した
イタリアンドレッシング。
お米生まれの発酵食品
「みりん・米酢・塩糀」を使うと、
本格的なのにどこか懐かしい味わいに。
優しい甘味とコクで野菜の風味を引き立てます。

材料	作りやすい分量

塩糀 ……………………………………… 小さじ2
みりんシロップ・粗熱を取ったもの … 大さじ1
（本みりん … 大さじ2→シロップの作り方P.8）
米酢 ……………………………………… 大さじ2と1/2
オリーブオイル ………………………… 60g

作り方

1 塩糀、みりんシロップ、米酢をボウルに
　入れて混ぜる。

2 1のボウルにオリーブオイルを1/3ずつ加
　えて、その都度とろみが出るように泡立て
　器でよく混ぜ合わせる。

保存	冷蔵庫で5日間。

ポイント

冷蔵保存するとオリーブオイルが冷えて固
まるので、使う前に混ぜる。

みりんごジンジャー
ドレッシング

みりんとりんごの複雑な甘味と旨味で
しょうがの辛味をまろやかに。
大人も子どももお楽しみいただける
万能ドレッシングです。
鶏肉や豚肉などお肉を使った
サラダとの相性も良く、おすすめです。

材料	作りやすい分量

りんご（中玉・すりおろし）…… 1/4個（70g）
水 …………………………… 100㎖
塩 …………………………… ひとつまみ

しょうが（すりおろし）…… 1/2かけ（8g）

A　塩糀 ………………………… 小さじ1/2
　　みりんシロップ・粗熱を取ったもの
　　………………………………… 小さじ2
　　（本みりん … 小さじ4→シロップの作り方 P.8）
　　レモン汁 ………………… 大さじ1弱（13g）
　　オリーブオイル ………… 大さじ1と1/2

作り方

1　水に塩を溶かして塩水を作る。りんごの
　芯を取り、塩水に10分つける。

2　りんごの水気を切り、皮ごとすりおろす。
　しょうがの皮をむいてすりおろし、りん
　ごと混ぜる。

3　2にAをすべて加えて混ぜる。

保存	冷蔵庫で5日間。

ポイント

オリーブオイルが沈むので、使用前に混ぜる。

トマトとみりんの
ヨーグルトドレッシング

「トマト×みりん」のマリアージュを
楽しめるドレッシングです。
トマトやヨーグルトの酸味をみりんで
まろやかにし、味わいをまとめます。
トルティーヤ（P.85）のドレッシングとしても
お楽しみください。

材料	作りやすい分量

ミニトマト（みじん切り）……………… 4個
塩糀（ミニトマトの下味用）………… 小さじ1
ヨーグルト（無糖）………………… 80g
塩糀 ………………………………… 小さじ2
みりんシロップ・粗熱を取ったもの
　　　　　　　　　　　　……… 小さじ1と1/2
（本みりん … 小さじ3→シロップの作り方 P.8）
レモン汁 …………………………… 小さじ1強
おろしにんにく …………………… ごく少量

作り方

1　ミニトマトをみじん切りにする。下味用の
　塩糀と和えて5分置く。

2　1の水気をぎゅっと絞り、ほかの材料と混
　ぜる。

保存	当日中に使い切る。

豆乳みりんマヨネーズ

卵・乳製品・化学調味料不使用と誰も気づかない…家族みんなが絶賛！間違いなしの
"豆乳と発酵食品で作る絶品マヨネーズ"です。
みりんの風味で豆乳の臭みを消しているので、豆乳が苦手な方にもおすすめです。

材料	作りやすい分量

無調整豆乳 ……………………………… 40g
米油 ………………………………………… 80g
米酢 …………………………………… 大さじ1
みりんシロップ・粗熱を取ったもの 大さじ1/2
（本みりん … 大さじ1→シロップの作り方P.8）
塩糀 ………………………………… 大さじ1と1/2

作り方

1 すべての材料を合わせ、ハンドブレンダーでクリーム状に固まるまで撹拌する。

保存	冷蔵庫で5日間。

ポイント

水分が分離することがあるため、使う前によく混ぜる。

新・みりんマヨポテトサラダ

マッシュしない・市販のマヨネーズ使わない、シャキッと美味しい新感覚のポテトサラダ。
卵・乳製品・化学調味料不使用ながらも発酵食品みりんの複雑なコクと旨味でリッチな味わい。

材料	2人分

じゃがいも（中玉） ………………………2個
いんげん …………………………………6本
豆乳みりんマヨネーズ …………………大さじ2
　　　　　　　　　　　（→上記参照）
粒マスタード ……………………………大さじ1

下準備

・豆乳みりんマヨネーズを作る。

作り方

1 じゃがいもの皮をむき、2～3mmのせん切りにして水に15分さらす。

2 いんげんの筋を取り、洗う。濡れたままラップで包み、電子レンジで1分ほど加熱する。ラップを取って冷水で冷やし、水気を絞って長さ4cmの斜め切りにする。

3 軽く水を切ったじゃがいもを耐熱皿に広げて、ふんわりとラップをかける。電子レンジで2分半ほど加熱する。つやと透明感が出たら、火が通った証拠。粗熱を取る。

4 ボウルに材料すべてを入れて混ぜる。

保存	冷蔵庫で2日間。

卵・乳
なし

にんじんとりんごのみりんキャロットラペ

にんじん×りんご×みりんの甘味が重なって生まれる、
優しくも深い味わいが新しいキャロットラペ。
大人から子どもまでみんなが大好きな味です。シャキシャキ食感もうれしい一品です。

| 材料 | 2人分 |

にんじん（中）……………………………1本
りんご…………………………………1/2個
A ┌ みりんシロップ・粗熱を取ったもの … 大さじ1
  │ （本みりん… 大さじ2→シロップの作り方P.8）
  │ 塩糀 ………………………………… 大さじ1と1/3
  │ レモン汁 ……………………………… 大さじ1
  └ オリーブオイル …………………… 小さじ2
［トッピング・飾り用］
くるみ ……………………………………… 適量
パセリ ……………………………………… 適量

| 作り方 |

1 にんじんの皮をむき、細いせん切りにする。りんごは
　皮付きのまま、丸ごと縦に薄切りにしてから、せん切
　りにする。

2 Aを混ぜ、にんじんとりんごを加えて和える。冷蔵庫
　で20分ほど冷やす。

3 軽く水気を切って器に盛り、くだいたくるみと刻んだ
　パセリを散らす。

| 保存 | 冷蔵庫で3日間。

1

食卓にサプライズを
〜みりんとレモンの出会い〜

お米生まれの発酵食品みりんならではの複雑な甘味と旨味に
レモンのキレのある酸味が重なると…美味しさ大爆発！
意外な組み合わせでできる新しい美味しさは
食卓にサプライズと笑顔をもたらす。

鶏肉のみりんレモンバターソテー

レモンとバターに発酵食品みりんの複雑な甘味と旨味が加わると、
食べる手が止まらないクセになる味わいに。
化学調味料不使用なのに、良い意味でジャンキーな美味しさが自慢の一皿です。

材料　2人分

鶏もも肉（中）………………2枚（約500g）

A ┌ 塩糀 ………………………………大さじ2
　 └ 本みりん …………………………小さじ1

製菓用米粉 …………………………………適量
オリーブオイル …………………………小さじ2
有塩バター ………………………………………20g
本みりん …………………………………小さじ1
レモン汁 …………………………大さじ1弱（12g）

[トッピング・飾り用]
葉野菜 ……………………………………………適量
レモン（くし切り）…………………………………適量

下準備

・鶏肉を冷蔵庫から出してAをもみ込み、常
温に10分置く。

作り方

1 下準備をした鶏肉についた塩糀をキッチンペーパーで
ふき取って、米粉をまぶす。

2 フライパンにオリーブオイルを入れて、皮を下にして
鶏肉を置き、弱火にかける。焼いている間は動かさず、
弱火で8分、裏返して5〜7分ほど焼いて、中まで火を
通して取り出す。

3 フライパンの余分な油を、キッチンペーパーで拭いて、
バターを入れる。バターが半分ほど溶けたら本みりん
とレモン汁を加え、鶏肉を戻して中火にする。鶏肉を
裏返しながら全体にからめる。

4 器に盛って、葉野菜とくし切りにしたレモンを添える。

卵・乳
なし

レモン風味のあさりとトマトのみりん蒸し

我が家の定番。酒蒸しならぬみりん蒸し。同じお酒でも、
みりんのお米生まれの甘味とコクで、酒蒸しよりまろやか。野菜との相性も良いのがポイントです。
みりんとトマトとあさりの旨味がグーンとお口の中で広がる感動の味わい。

材料　2人分

あさり（殻つき）	200g
トマト（中玉）	1/2個
オリーブオイル	小さじ1
本みりん	大さじ1と1/2
レモン汁	小さじ1と1/2
塩糀	小さじ1/2

下準備

・あさりの砂抜きをする。
　水200mlに塩6g（ともに分量外）を溶かし、
　あさりを入れてアルミホイルをかぶせ、常
　温に30分置く。

作り方

1 砂抜きしたあさりを軽くこすり洗いする。トマトをく
　し切りにしてから、半分の乱切りにする。

2 フライパンにオリーブオイルを入れて中火にかけ、あ
　さりとトマトを入れて全体にオイルがまわるようにさ
　っと炒める。本みりんを加え、蓋をする。

3 3〜4分ほどしっかり蒸し、あさりの口が開いたらいっ
　たん取り出す。蓋を取り、レモン汁と塩糀を入れて少
　しとろみがつくように煮詰めたら、あさりを戻してざ
　っと和える。

ポイント

お好みで、タイムやローズマリーなどのハーブを加えて
も。その場合、あさりとトマトと同じタイミングで入れる。

77

米粉のニョッキ　みりんレモンクリームソース

米粉とは思えない美味しさのニョッキに、爽やかなみりんレモンソースがからんでプロの味わい。
米粉・みりん・日本酒・塩糀は、すべてお米生まれの食材だから、
見た目と味わいは洋食でも、素材は日本のお米が主役の一皿です。

材料　2人分

[ニョッキ]

じゃがいも（中玉）	2個（約200g）
製菓用米粉	80g
全卵	1個（50g）
塩	ひとつまみ

[ソース]

玉ねぎ（中玉・みじん切り）	約1/5個（40g）
オリーブオイル	小さじ2
塩糀	小さじ2
本みりん	小さじ1弱
生クリーム	120g
酒	大さじ1と1/3
レモン汁	大さじ1/2

[トッピング・飾り用]

レモン（くし切り）	1/8個

作り方

1 ニョッキを作る。
じゃがいもにキッチンペーパーを巻き、全体を水で濡らしてラップで包み、電子レンジで4分ほど加熱する。

2 1のじゃがいもの芽と皮を取り除いてボウルに入れ、マッシャーなどでつぶし、熱いうちに米粉を加えてヘラで混ぜる。粗熱が取れたらといた卵と塩を入れ、1つにまとまるまで手でこねる。

3 2をちぎりながら直径1cm、長さ2cmくらいの円柱状に丸める。フォークの背を軽く押しつけながら転がして、筋をつける。

4 鍋に湯を沸かしてニョッキを入れ、浮いてくるまで2分半ほど茹でてざるにあげる。

5 ソースを作る。
火をつける前のフライパンに、みじん切りにした玉ねぎ、オリーブオイル、塩糀、本みりんを入れて和え、弱火にかける。玉ねぎの香りがしてきたら生クリームを加え、中火にして煮詰める。

6 とろみがついてきたら酒を加え、再び沸騰したら、4のニョッキを入れる。ソースをからめたら、レモン汁を加えて混ぜる。

7 器に盛ってくし切りのレモンを添え、絞りながらいただく。

保存　※ニョッキ

茹でる前の状態で、冷蔵庫で5日間、冷凍庫で8日間。
冷凍したものを使う場合、解凍せずにそのまま茹でる。

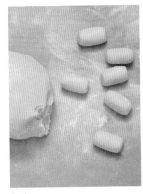

3-1

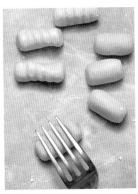

3-2

みりんレモンソルベ

卵・乳
なし

材料2つ！混ぜるだけ！とは思えない複雑味が自慢のソルベ。
その秘密はレモンの酸味をまぁるく引き立てる発酵食品みりんの甘味。
みりんの種類を変えると、味わいや色の変化が楽しめます。
お口直しや、お料理の最後の締めに、幸せな気分にしてくれます。

| 材料 | 作りやすい分量 |

水 ‥‥‥‥‥‥‥‥‥‥‥‥‥‥‥‥‥‥‥‥‥‥ 100㎖
みりんシロップ・粗熱を取ったもの ‥‥‥‥ 60g
（本みりん … 120g→シロップの作り方P.8）
レモン汁 ‥‥‥‥‥‥‥‥‥‥‥‥‥‥‥‥‥‥ 大さじ2

| 作り方 |

1 水にみりんシロップとレモン汁を混ぜてバットに流し
　入れ、冷凍庫に入れる。

2 1時間半〜2時間ほど冷やし固め、フォークでくずし
　てなめらかにする。

| 保存 | 冷凍庫で3日間。

| ポイント |

バットの代わりにジッパーつき保存袋（冷凍用）に入れて
凍らせてもよい。その場合、アルミホイルの上に乗せる
と早く凍らせることができる。

第 5 章

グルテンフリー・砂糖不使用

米粉とみりんの
愛され洋食

愛をもって
美味しさと楽しさを分かち合う

私や大切な誰かを想う
「米粉とみりん」のレシピを分かち合うことは
五感に訴える飛びっきりの愛情表現。
作り手も食べ手も幸せで楽しい気分になれるレシピ。
日々の料理が、私や大切な誰かを愛する時間に変わる。

米粉とみりんのトルティーヤ

グルテン＆シュガーフリー！お米生まれのジャパニーズトルティーヤ。
「もちっとカリッと」、ほんのり甘い生地がやみつきになる味わいです。
お好きな具材を挟んでみりんヨーグルトドレッシング（P.67）をかけて、みんなに優しいタコスパーティーを。

材料　6枚分

製菓用米粉	80g
本みりん	大さじ2
水	80g
塩糀	小さじ1
片栗粉	40g

作り方

1 鍋に本みりんを入れ、中火で半量になるまで煮詰めてみりんシロップにして火を止める。

2 1の鍋に水、塩糀、片栗粉の順に入れ、全体が均一になるまで混ぜてから弱火にかける。

3 ゴムベラで混ぜ続け、しっかりと粘り気が出て持ち上がるようになったら、火を止めて粗熱を取る。

4 ボウルに米粉と3を入れ、粉気がなくなるまで手で捏ね合わせる。

5 4を6つに分けて丸くまとめ、ラップをかけておく。

6 台に打ち粉（米粉・分量外）を振って生地を1つのせ、その上にも打ち粉を振る。ラップをかけて、めん棒で1mm厚・直径12〜15cmくらいに丸く伸ばす。

7 フライパンに油は引かず、中火で両面に軽く焦げ目がつくまでさっと焼く。

保存

1枚ずつラップで包み、保存袋に入れて冷蔵庫で1日間。冷凍庫で10日間。
どちらも軽く水を振り、ラップをかけずに電子レンジで10秒ほど温める。

ポイント

生地を焼き過ぎると、硬くなって巻きづらくなる。

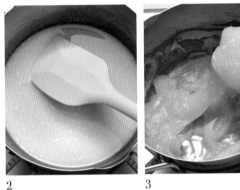

2　3

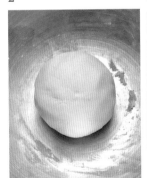

4　5

6　7

しらすとアボカド、トマトの
トルティーヤピザ

P.84のトルティーヤの軽い生地を使って簡単ピザに。
生地のカリッと食感とアボカドとしらすの食感の差が楽しく、おつまみやおやつにもぴったりです。

2枚分

米粉とみりんのトルティーヤ ………… 2枚
（→P84参照）
アボカド ……………………… 1/4個
モッツァレラチーズ ………… 1/4個
ミニトマト ……………………… 2個
釜上げしらす ………………… 20g
［トッピング・飾り用］
ディルまたは大葉せん切り ………… 適宜

作り方

1 アボカドを1.5cmの角切りに、ミニトマトを厚さ5mmの
輪切りにする。

2 トルティーヤにアボカドとミニトマト、ひと口大にち
ぎったモッツァレラチーズをのせ、しらすを散らす。

3 トースターで、チーズが溶けて生地の周囲に焼き色が
つくまで焼く。

4 お好みで、全体にディルまたは大葉を散らす。

ゴルゴンゾーラとみりんシロップの
トルティーヤピザ

みりんシロップの複雑な甘味とブルーチーズの塩味が絶妙にマッチ。ワインとも好相性です。
私の時間を楽しめる大人 #みりん女子のためのピザ。

材料 2枚分

米粉とみりんのトルティーヤ ………… 2枚
（→P84参照）
シュレッドチーズ ………………… 50g
ゴルゴンゾーラチーズ ………… 30g
［トッピング・飾り用］
みりんシロップ・粗熱を取ったもの … 小さじ2
（本みりん … 小さじ4→シロップの作り方P.8）
粗挽き黒こしょう ………………… 適宜

作り方

1 トルティーヤにシュレッドチーズとゴルゴンゾーラチ
ーズを散らす。

2 トースターで、チーズが溶けて生地の周囲に焼き色が
つくまで焼く。

3 みりんシロップをまわしかける。

4 お好みで、粗挽き黒こしょうを振りかける。

ポイント

どちらも冷凍したトルティーヤ生地で作れる。解凍は不要。

大豆のみりんキーマカレー

（卵なし）

カレーを美味しくする隠し味にもなる「みりん」。
熟成工程を経た発酵食品だから、一晩寝かせたような複雑な味わいを出すことができます。
あめ色玉ねぎを短時間で仕上げられるうれしい効果も。
お米生まれの調味料をメインとした味の構成で、ごはんとの相性ももちろん抜群。

材料	2人分

玉ねぎ（中玉・みじん切り）…約1/2個（100g）
しょうが（みじん切り）………1かけ（15g）
にんにく（みじん切り）………3かけ（15g）
塩糀（下味用）………………小さじ2
米油………………………………大さじ1
本みりん…………………………小さじ2
A［ トマト（中玉・角切り）………2/3個
　　合いびき肉………………………150g
　　酒…………………………………大さじ1
　　塩糀（仕上げ用）………………大さじ1
　　カレー粉…………………小さじ1と1/2
　　クミンシード………………小さじ1/2〜1 ］

大豆（水煮）…………………………45g
ヨーグルト（無糖）…………………30g
レモン汁………………………………小さじ1

作り方

1 火のついていないフライパンに、みじん切りにした玉ねぎとしょうが、にんにくを入れ、下味用の塩糀を加えて混ぜる。米油を入れて中火にかけ、玉ねぎに透明感が出てくるまで3〜4分ほど炒める。

2 本みりんを加えて混ぜ、焦げないように混ぜながらあめ色になるまで3〜5分ほど炒める。

3 Aを入れてさらに炒める。

4 合いびき肉の色が7割ほど変わったら、大豆とヨーグルトを加え、水気を飛ばすように2〜3分ほど炒める。

5 レモン汁を入れ、ざっと混ぜたら火を止める。

保存　冷蔵庫で3日間、冷凍庫で6日間。

2

89

鶏肉とじゃがいもの米粉ハーブフリット

（卵・乳なし）

米粉らしいカリッとした食感とタイムの風味が広がる米粉のハーブフリット。
米粉は小麦粉に比べて油の吸収率が低いので、さっぱり食べやすいのがポイントです。
そのままはもちろん、お好みのみりんディップソースとともに。

材料 2人分

鶏むね肉(小)		1枚(200g)
A	塩糀	大さじ1と1/2
	本みりん	小さじ1
じゃがいも(中玉)		1個

[揚げ衣]

製菓用米粉	50g
炭酸水(無糖)	65g
フレッシュタイム	10本
製菓用米粉	適量
米油	適量

[トッピング・飾り用]

レモン(乱切り)	1/2個
フレッシュタイム	適量

下準備

・鶏肉の皮を取って繊維を断つように5〜8mm
幅のそぎ切りにし、Aをもみ込む。常温に
10分置く。

・じゃがいもを洗って芽を取り、縦に1.5cm幅
のくし切りにする。

作り方

1 タイムの茎を押さえ、指先を下から上に向かってすべらせて葉を取り、ボウルに入れる。衣用の米粉と炭酸水を加えて、粉っぽさがなくなるまで混ぜる。

2 じゃがいもと、キッチンペーパーで塩糀をざっとふき取った鶏肉に、米粉をまぶす。

3 フライパンに米油を高さ1〜2cmくらい入れ、中火にかける。160℃くらいの低温※に熱する。
鶏肉とじゃがいもを1の衣にくぐらせ、油に入れたら弱火にし、衣が硬まってきたら返しながら両面を揚げる。揚げ時間は、鶏肉は2〜3分ほど、じゃがいもは5〜6分ほどが目安。

※菜箸を入れると、細かな泡がゆっくり上がってくる状態。

4 器に盛り、レモンとタイムを添える。

下準備

1

豆乳みりんマヨネーズのディップ (P.68参照)

（卵・乳なし）

[わさびディップ]
豆乳みりんマヨネーズ(P.68) ⋯ 20g ＋ わさび ⋯ 5g

[カレーディップ]
豆乳みりんマヨネーズ(P.68) ⋯ 20g ＋ カレー粉 ⋯ 小さじ1/2

[ブラックペッパーディップ]
豆乳みりんマヨネーズ(P.68) ⋯ 20g ＋ 粗挽き黒こしょう ⋯ 10挽き (ふたつまみ)

[ジンジャーみりんディップ]
豆乳みりんマヨネーズ(P.68) ⋯ 20g ＋ しょうが (すりおろし) ⋯ 2〜3g ＋ みりんシロップ(P.8) ⋯ 小さじ1

91

緑のみりんミネストローネ

卵
なし

野菜を切る時間も楽しんでほしい、私に優しいデトックスミネストローネです。
コンソメ・化学調味料いらず。昆布、お米生まれの発酵食品みりん・日本酒・塩糀。
日本の旨味とバター・チーズの洋の旨味のマリアージュ。
和×洋の美味しさの広がりが新しい自信の一皿です。

材料　2人分

豚肩ロース肉（ブロック）	150g
塩糀（下ごしらえ用）	大さじ1と1/2
玉ねぎ（中玉・みじん切り）	1/2個
キャベツ	1/10個
じゃがいも（中玉）	1/2個
グリーンアスパラ	2本
スナップエンドウ	4個
ブロッコリー	小房4個
オリーブオイル	大さじ1
酒	80ml
本みりん	大さじ1
水	500ml
昆布	4×9cm（2g）
有塩バター	10g
塩糀	小さじ2

[トッピング・飾り用]

パルメザンチーズ（粉末）	適量
オリーブオイル	適量

下準備

・豚肉を1.5cm角に切り、下ごしらえ用の塩糀
　をもみ込んで常温に10分置く。

作り方

1 野菜を切る。
　玉ねぎはみじん切りにする。キャベツと皮をむいたじゃがいもは、1cm角に切る。アスパラは根元の硬い部分を切り落として根元から5cmの皮をむき、1cm幅の輪切りにする。スナップエンドウは筋を取って、1cm幅の輪切りにする。ブロッコリーは小さめの小房に分ける。

2 鍋にオリーブオイルを入れ、玉ねぎと豚肉を塩糀ごと入れてよく混ぜる。中火にかけ、炒まる音がしてきたら弱火にし、焦げないように混ぜながら炒める。

3 玉ねぎに透明感が出てきたら、酒とみりんを加える。中火にして沸騰したら水と昆布を入れ、残りの野菜を加える。再び沸騰したらアクを取り、弱火にして蓋をし、10分ほど煮る。

4 昆布を取りのぞき、有塩バターと塩糀を加えて混ぜる。

5 器に盛り、パルメザンチーズを振ってオリーブオイルをまわしかける。

保存

冷蔵庫で2日間、冷凍庫で5日間。
冷凍の場合、すべての野菜がやわらかくなるが美味しく楽しめる。

食器もレシピも大量生産される時代
「米粉とみりん」で
サスティナブルな食卓の楽しみを

約15年間勤めたみりんのメーカーを退職して、約2年が経ちました。
忘れもしない、母親の誕生日に内定をいただいたのが私の「みりん人生」のはじまりです。
ここにあるレシピや思想は、幼少期から今に至るまでのたくさんの食体験と、
34歳で経験した女性系疾患で命と向き合った経験から
私なりに「日本人としての食の本質」をカタチにしたものです。

「和食」の文化には世界を平和にする何かがあると、食の業界にいると感じざるを得ない中、
このお米生まれの「米粉とみりん」でグルテンフリー・砂糖不使用という
コンセプトにフォーカスした取り組みをはじめて以来、
その見えない何かが確信に変わる出来事が続いています。

それは、日本の食文化には「人々のカラダと心を穏やかに・幸せに変える」
チカラがあるということです。
「食べることは生きること」。食べることを日本の伝統的な食文化をベースに整えれば、
生き方も変えられるということなのだと、
この取り組みに賛同いただいている #みりん女子 の皆さんのお声から改めて感じる日々。

長い歴史の中で、愛され・受け継がれてきた、
お米や発酵文化を自国の調理手法だけでなく、海外の食文化とも融合させることで、
美味しさを再構築し、発展させ「もっとずっと、愛あるものに」。

今回、本書では、お料理の魅力を一層引き立ててくれる食器にも
日本の骨董品やフランスのアンティーク品を使用しました。
今や食器もレシピも大量生産される時代ですが、
毎日の食卓で、レシピや食器を長く愛用する楽しみを見出すことは
暮らしに old new な豊かさをもたらし、歴史を慈しみ、紡いでいくことにもつながります。

何より、自国の食文化の継承やお米の自給率の向上、自身や家族の心身の健康にもつながる
「米粉とみりん」のレシピを楽しむことは、サスティナブルな生き方にもつながります。

単にグルメな「美味しい」ではなく、「食べることは、生きる美しさを表現するもの」として
多くの方に私たちのレシピを楽しんでいただけることを願います。

最後に、料理の品数で愛情表現をしてくれた料理上手な母親、国内外の食文化を
教えてくれたグルメな父親、すべてを許し、この取り組みをサポートしてくれた夫。
そして、私の「みりん人生」に関わってくださったすべての方に感謝を込めて。

#みりん女子会　主宰栄養士　Kanako／設楽賀奈子

レシピ共同開発メンバーからのメッセージ

【お菓子部門】

パティシエール　お菓子教室　mika.3650 主宰　久保田美香

味と見た目がすべてだった私のお菓子作りにおいて、身体に優しい材料で作る、米粉とみりんのお菓子は新しい世界でした。罪悪感なく食べられる安心安全なお菓子を、手作りする楽しみも知っていただけたらうれしく思います。

製菓衛生師　お菓子教室 chez lily 主宰　宇田川有里

みりんシロップの黄金色の艶と香ばしくまろやかな甘味。米粉のふわっとやわらかく優しい食感。2つの美味しさを合わせたお菓子は、一口食べるとほっと心が温かくなる味です。手軽に作れるレシピばかりですので、ぜひ日常のおやつにお役立てくださいね。

【料理部門】

料理家／フードコーディネーター　さなえごはん　藤本早苗

小麦粉を米粉に代替するだけでなく、砂糖と塩も使用せず、発酵食品のみりんと塩糀で組み立てたレシピ。「仕方なく」ではなく、「この材料だからこそ」の軽やかで奥行きある食べ心地に、驚きながら試作を重ねました。私自身も作り続けたい新たな美味しさが、皆さまの生活に色を添えてくれますように。

設楽 賀奈子（したら かなこ）

京都出身　群馬在住　Ａ型

京都のみりんメーカー宝酒造（株）でみりんの商品企画・広告宣伝・レシピ開発
などマーケティングに15年間従事し、みりんの虜に。
料理上手な母とグルメな父の元に育った無類の食いしん坊。
薬剤師の姉の影響もあり「食から健康」をライフワークに、栄養士の資格を取得す
るも、2018年に女性系疾患を経験し「私に優しい美味しさ」を改めて模索。
「米粉とみりん」でグルテンフリー・砂糖不使用の食生活を実践し、便秘や冷え性
の改善、心身の不調が改善することを実感。一方で、米粉とみりんで作る美味し
いレシピがまだまだ世の中に少ないことを目の当たりにする。
結婚を機に「私に優しい働き方」をと、自宅からできる仲間とのオンライン配信で
定期便クッキングサロン#みりん女子会®を2022年に開講。
1年で総受講者数1500名を超える人気サロンに。
2023年7月には「みりんをアートする」をミッションに（株）米粉とみりんを設立。
趣味は古道具集めとおしゃべりとワイン。
夢はみりんで世界平和

| 米粉とみりん |

HP:https://komeko-mirin.jp
Instagram:komekomirin
LINE: @ komekomirin

レシピ共同開発	装丁・本文デザイン
久保田美香	渡部浩美
宇田川有里	
藤本早苗	撮影
	公文美和、中野昭次
撮影協力	
窪田洋子	スタイリング
	佐々木カナコ
器協力	
Kotto	校正
UTUWA	安福容子
材料協力	企画編集
cotta	望月久美子（日東書院本社）

編集協力
農学博士 河辺達也
松岡舞
榊原奈津子
設楽哲也

参考文献
「みりんの知識」森田日出男著　（幸書房）2003年
特許 4632704

わたしに優しい
米粉とみりんのお菓子と料理

2024年5月15日　初版第1刷発行

著者	設楽賀奈子
発行者	廣瀬和二
発行所	株式会社日東書院本社
	〒113-0033　東京都文京区本郷1丁目33番13号春日町ビル5F
	TEL：03-5931-5930（代表）
	FAX：03-6386-3087（販売部）
	URL：http://www.TG-NET.co.jp
印刷	三共グラフィック株式会社
製本	株式会社セイコーバインダリー